MILK
MILK
SUGAR

WEED
WISH YOU
A MERRY
CHRISTMAS

...ES WAR SO SCHÖN MIT DIR...

Wir würden uns sehr freuen, Dich bald wieder in einem anderen Malbuch begrüßen zu dürfen.

Außerdem wäre es fantastisch, wenn Du eine ehrliche Produktrezension auf Amazon verfassen könntest. Es dauert nur 1-2 Minuten und bedeutet für uns als kleine Autoren sehr viel!

FRAGEN, WÜNSCHE ODER FEEDBACK?

Schreib uns eine E-Mail: baldehmarketing@gmail.com

IMPRESSUM

Ablavie und David Baldeh GbR
Richtstrecke 2
44799 Bochum
Deutschland
baldehmarketing@gmail.com